Normal

Es waren mal zwei Hühner,
die liebten einen Hahn.

Leider
war es damit

für die Hühner
und den Hahn

noch lange nicht
getan ...

Nimm's leicht!

Und

wunder

dich!

Peter-T. Schulz

Herrlich, so ein Leben!

Glücksgedichte

COPPENRATH

Mein Name
ist Hansen.

Ich bin ein Vogel,
der die Luft liebt
und den Baum
braucht.

Ich bin eine Flasche,
in der ein Geist
wohnt.

Ich bin ein
Einzelwesen
mit einem
Straßenbesen.

Ich bin ein
alter Schuh
und finde
keine Ruh.

Ich bin aus Wasser.
Wenn ich fließe,
bin ich zu
etwas nütze.

Bleibe ich
stehen,
werde ich
eine Pfütze ...

Es geht die Mär
von einem kleinen Haus umher.

Darin wohnt ein Kerl,
den keiner kennt
und den jeder nur
den Ollen Hansen nennt ...

Guten Morgen, schönes Wetter!

Die unheimlich heimeligen Lieder vom Ollen Hansen

Nichtstun

oder: Wie der Olle Hansen in einer Blumenwiese liegt und am liebsten mehr Sinne haben möchte

Ach, hätt ich 1000 Nasen
um euch zu riechen!
Ich würde wie ein 1000-Nasen-Bär
durch euch kriechen!

Ach, hätt ich 1000 Hände
um euch zu pflücken!
Ich würde 1000 Mieder
mit euch bestücken!

Ach, hätt ich 1000 Augen
um euch zu erkennen!
Ich würde euch alle
beim Vornamen nennen!

Ach, hätt ich 1000 Ohren
um euch blühen zu hören!
Durch keinen Blattlaus-Schrei
ließ ich mich stören!

Ach, hätt ich 1000 Zungen
um euch zu besingen!
Du lieber Hansen ...
... das würde klingen!

Lust auf heißen Kaffee

oder: Wie der Olle Hansen einer alten Freundin gesteht,
dass er von ihr nicht loskommt

Von dir
mit deinen runden Messinghüften,
von dir
mit deiner feuchten, kleinen Schnauze,
von dir
mit deinen aufreizenden Düften,
von dir
brauch ich es jeden Tag
um vier.

Du gibst es mir:

strömende Wärme
und ein Kribbeln bis in den großen Zeh.

Du tust mir gut
und deshalb bleibe ich dir treu,
Madame Chaudière du Café *.

* Frau Kaffeekessel (falsch übersetzt)

Durst auf kalte Milch

oder: Wie der Olle Hansen an einem heißen Tag
dem Saft der Kuh ein Kompliment macht

Die Luft ist heut so schwer und dick,
dass ich sie nicht einmal am Stück
in meine Lungen bringe.
Was früher meine Zunge war,
das ist jetzt ein Stück Seife
mit Schleife.
Und nur noch du, du rettest mich –
kalte Milch, ich hab so Durst auf dich!

Der Schweiß klebt mir an Haut und Haar
und bildet schon Kristalle.
Auch wenn es stimmt, dass ich einmal
zu 80 Teilen Wasser war –
jetzt bin ich alle!
Und nur noch du, du rettest mich –
kalte Milch, ich hab so Durst auf dich!

Kalte Milch, ich hab so Durst auf dich,
du weißer Saft vom Land!
Du schmeckst so durch und durch gesund,
und war ich grad noch auf dem Hund,
bin ich jetzt wieder obenauf
und sauf!

Und sauf!

Und sauf!

Gute Laune

oder: Wie der Olle Hansen sich
zum Frühstück Gesellschaft einlädt

Guten Morgen, schönes Wetter!
Komm setz dich zu mir auf mein Dotter
und feier mit mir Frühstück!

Hier, auf Spiegeleiland,
ist Platz für zwei,
und wenn die Sonne gleich noch kommt,
dann sind wir sogar drei!

Sie wird uns unser Eiland braten,
gut durch, sagen wir 5 Minuten.

Wir werden es mit Klee garnieren,
mitten auf dem See servieren
und dann natürlich – probieren!

Schon nach dem ersten Bissen
werden wir nichts mehr vermissen!

Wir werden es in die Welt hinaustuten:

Ein Morgen wie dieser
gehört zu den guten!

Freiheit

oder: Wie der Olle Hansen sich unter anderem nichts wünschen würde, wenn er sich etwas wünschen könnte

Im Kopf nichts –
als einen Schnabel,
auf dem Buckel nichts –
als ein paar Federn,
vor sich nichts –
als Luft,
hinter sich nichts –
als Luft.

Über sich niemanden –
als den Himmel,
neben sich niemanden –
als den Zufall
und unter sich das Meer ...

Hätte ich drei Wünsche frei,
ich wünschte mir
nichts,
niemanden
und
dass ich einmal
ein Vogel wär ...

Melancholie

oder: Wie der Olle Hansen einer gewissen Dame ab und zu sein Leid klagt

Ich sitze in der Pampe,
Melancholie,
du alte Schlampe.

Mir ist eine Laus
über die Seele gelaufen,
die würde ich gern
höchstpersönlich ersaufen.

Ich weiß bloß nicht wie,
Melancholie.

Ich sitze an einem Tümpel,
Melancholie,
mitten im Dreck.
Meine Gefühle sind ein Haufen Gerümpel.
Kitten und Kleben hat keinen Zweck,
der Wurm ist drin, das Zeug muss weg!

Ich weiß nur nicht wie,
Melancholie.

Ich sitze auf einer Weide,
die nur noch einen Zweig hat,
Melancholie,
ich leide.

Ich würde so gerne aufstehn
und gehn,
um wieder einmal jemand anderen
als dich zu sehn!

Ich weiß nur nicht wie,
Melancholie.

Nachhauseweg
oder: Wie der Olle Hansen auch in Kuhscheiße
noch etwas Schönes sehen kann

Du bist kein Weg wie andere
nach einem Regenguss.

Das Wasser steht dir kragenhoch
in allen Rinnen.
Darin schneiden die Wolken schnell
hinter Lehm- und Unkrautzinnen
noch ein paar Fratzen,
bevor sie zerplatzen.

Bei jedem Schritt
muss ich um mein Gewebtes bangen.
Die Müller, die früher das Wandern besangen,
sind ganz bestimmt andere Wege gegangen.

Du bist kein Weg wie andere,
wenn dich das Vieh benutzt.

Das, was die Kühe dir von hinten gaben,
glänzt jetzt in vielen seltenen Farben.
Darüber liegt etwas,
das nennt man sicher nicht Geruch.
Ich weiß nicht, ob Mistkäfer schon
an Kalorienmangel starben,
wenn ja – hier wäre für den Rest genug.

Du bist kein Weg wie andere,
du hergelaufene Furche.

Wenn ich jedoch durch deine Pfützen geh
und um mich das verdaute Grünzeug seh,
klatscht in mir – weiß der Kuckuck was –
grinsend in beide Hände,
denn etwas, das ist schön an dir:

Du nimmst ein gutes Ende.

Sehnsucht

oder: Wie der Olle Hansen sich mit einem Freund auf den nächsten Tag freut

Morgen, Schlapphut,
geht's uns gut.

Wir werden durch Erika latschen und schwitzen
und über Mücken und Fliegen fluchen,
die auf uns sitzen.
Der Grassamen wird uns in den Socken jucken.
Wir werden uns zwischen zwei Fichten
zum 100sten Mal zu spät ducken
und mit einer Maske aus Spinnenspucke
vor den Augen weiterstapfen
über die Zapfen
vom vergangenen Jahr,
wo alles genauso war.

Morgen, Schlapphut,
geht's uns gut.

Wir werden den Wald hinter uns abschließen
und unter den größeren Buchen
im feuchten Laub
nach Eckern suchen
und an unseren alten Stellen nach Pilzen.

Wir werden Brombeerhecken filzen
und uns mit Kinderherzklopfen
volle Hände Blaubeeren
in die hungrige Luke stopfen!

Morgen, Schlapphut,
geht's uns gut.

Wir werden zwei Hasen beim Mundraub stören
und ein Konzert von Specht und Larve hören.
Wir werden 3 bis 4 Wegweiser verdrehn
und, wenn es dunkel wird und kühler,
zu unserm alten Hochsitz gehn.
Das Zirpengesindel wird anfangen zu geigen,
wenn wir ihn besteigen.

Wir werden ein „O. H." in das Sitzbrett ritzen
und auf einmal
sehr viel Land besitzen.

Morgen, Schlapphut,
geht's uns gut.

Nach dem Essen

oder: Was dem Ollen Hansen außer dicken Frauen abends noch so in den Sinn kommt

Nach dem Abendbrot
sitze ich gerne in meinem alten Sessel
im Moor.

Dort hole ich genüsslich
hinter meinen Weisheitszähnen
den Schinken der letzten Schnitte hervor.

Ich schließe die Augen,
kaue
und verdaue.

Auf einmal höre ich,
wie sich in meines Sessels Sprungfedermagen
zwei weiße Mäuse
um eine Brünette schlagen.
Ich höre ein paar alte Flöhe husten.
Aber auch einen jungen – sicherlich Grippe.
Ich entdecke im Plüsch ein Assel-Gerippe –
wahrscheinlich Mord in Tateinheit mit Flucht –
und sehe dahinter eine ganze Zucht
halbstarker Wanzen,
wie sie auf den Flohwalzer ihrer Mitmieter,
wohl um sie zu schockieren,
sehr asynchron einen Labamba tanzen.

Die Platte ist kaum zu Ende,
da wollen die Erdbienen mit mir
über die neuen Löhne sprechen,
doch es ist schon fast acht
und ich muss unterbrechen
um, wie vereinbart,
mit drei strahlenden Glühwürmern
zu einem befreundeten Regenwurm zu gehen
und dort den neuesten Streifen zu sehen.

Das Stück spielt unter dem Sessel,
hinter den Fransen
und heißt:

„Die unglaublichen Spinnereien
des Barons von Hansen."

Lesen

oder: Wie der Olle Hansen so dann und wann in einem bestimmten Zimmer verschwindet

Ich hab ein Zimmer
voll mit Türen,
die mich in andre Zeiten führen
und durch die ich so dann und wann
der Gegenwart
entkommen kann.

Die mach ich auf,
wenn was so ist,
mir einmal nicht genügend ist,
und geh hindurch ...
... hinein in Bücher,
gerad so wie Feuchtigkeit
in Tücher.

In Druckerschwärze auf Papier
sicker ich langsam ein.

Gleich bin ich weg.

Und nur ein Fleck
auf den zwei aufgeschlagnen Seiten
grüßt dich noch mal von mir
aus andern
himmlisch ollen Zeiten.

Ich hab ein Zimmer
voll mit Türen,
die mich in andre Zeiten führen
und durch die ich so dann und wann
der Gegenwart
entkommen kann.

Große Liebe

oder: Wie der Olle Hansen seinem Kirschbaum eine Liebeserklärung macht

Guten Abend,
schöner Kirschbaum, du,
komm, mach die Blüten zu
und öffne deine Blätter.

Ich werde heute lange bleiben
und mich an deiner Rinde reiben
und deine Früchte zwicken,
die dicken.

Hier
bei dir
bin ich geborgen

und morgen ist morgen.

Schlummerwolke

oder: Wie der Olle Hansen allen Kindern
auf dieser Welt eine gute Nacht wünscht

Gute Nacht, Kinder,
schlaft schön
und träumt gut
von Opas schwarzem Hochklapphut,
von der neuen Bude bei Fritz,
von Tante Hedwigs doofem Spitz,
vom grünen Steinfresser,
vom Unglücksraben „Jammerschade“,
von Toast mit Marmelade,
vom Picknick im Urwald
bei den Schimpansen
und
von einer Reise
zum Ollen
Han-
sen.

„13 – 8 sind?"

„7!"

„Falsch!"

„Ganz

falsch?"

Man ist
immer überall
auf einmal.

Was man
erlebt hat,
das ist ja
in einem
drin!

Wir sind gar nicht klein.
Wir waren früher
schon ganz alt.

Die
Kulleraffen
sieht man nie.

Nur Kinder
sehen die!

Die weisen Lieder
von Anna und Ben

Ich bin's, Anna!

Guten Morgen, grünes Gras!
Warum bist du denn so nass?
Und machst meine Füße kalt?
Will das nicht!
Geh jetzt in' Wald!

Guten Morgen, dicke Buche!
Sag ja keinem, was ich suche ...
Aua! Mann, du doofer Zweig!
Will das nicht!
Geh jetzt zum Teich!

Guten Morgen, kleine Entchen!
Hier – ich gebe euch mein Händchen ...
... Hilfe! Bah! Ich rutsche aus!
Will das nicht!
Geh jetzt nach Haus!

Guten Morgen, Töchterlein!
Du guckst aber grimmig drein!

Die da draußen ärgern mich!
So was Doofes will ich nicht!

Anna weiß das!

Wenn das so rauscht im Wald,
dann sagen sich die Bäume „Guten Tag!“
oder feiern Geburtstag.

Wenn das so summt im Wald,
dann bringen die Bienen
ihren Honig nach Hause.

Wenn das so raschelt im Wald,
dann lassen die Blätter den Wind durch,
weil der noch ganz weit muss.

Wenn die Vögel so rufen,
dann wissen die Hasen,
dass der Fuchs kommt.

Wenn das so knackt im Wald,
dann muss man gucken,
ob das ein Eichhörnchen ist
oder ein Kulleraffe …

Das Kulleraffenlied

von Anna und Ben

Die Kulleraffen sind ganz bunt
und hinten ist ihr Schwänzchen rund.

Den Kulleraffen ist nie kalt
im Kulleraffenwald.

Die Kulleraffen sind ganz viele
und alle kennen siebzehn Spiele.

Die Kulleraffen können springen
und hopsen und dabei singen.

Die Kulleraffen sieht man nie.
Nur Kinder sehen die!

Die Kulleraffen turnen rum
und einer schmeißt den Kaffee um.

Die Kulleraffen essen Quark
und Eis und Chips und sind ganz stark.

Die Kulleraffen malen gerne
und backen sogar Sterne.

Die Kulleraffen haben Geld
und einen, der das zählt.

Die Kulleraffen sieht man nie.
Nur Kinder sehen die!

Die Kulleraffen bauen Drachen
und machen schlaue Sachen.

Die Kulleraffen können Fliegen
ohne Fliegenklatsche kriegen.

Die Kulleraffen laufen weg
und bauen Buden als Versteck.

Die Kulleraffen weinen nicht
und jeder freut sich im Gesicht.

Die Kulleraffen sieht man nie.
Nur Kinder sehen die!

Weißt du was?

Weißt du, was die Flöhe haben?
(Husten!)
Weißt du, wohin Ponys traben?
(Zum Frisör!)
Weißt du, wie die Bienen sind?
(Fleißig!)
Und wie heißt ein Hasenkind?
(Häschen!)

Weißt du, wen die Hunde beißen?
(Den Hans Wurst!)
Weißt du, wie die Frösche heißen?
(König!)
Weißt du, wie die Fliegen fliegen?
(Durcheinander!)
Und worauf die Igel liegen?
(Stachelbeeren!)

Weißt du, wen die Mücken stechen?
(Jeden!)
Weißt du, wie die Schnecken sprechen?
(Langsam!)
Weißt du, wie die Käfer krabbeln?
(Auf allen Vieren!)
Und was nachts die Fische babbeln?
(Nichts!)

Weißt du, was die Kühe kauen?
(Löwenzähne!)
Weißt du, was Ameisen bauen?
(Einen Haufen!)
Weißt du, womit Katzen schleckern?
(Mit Katzenzungen!)
Und warum die Ziegen meckern?
(Weil sie zickig sind!)

Weißt du, wovon Störche träumen?
(Von weißen Strümpfen!)
Und wer schläft nachts unter Bäumen?
(Die Wurzeln!)
Weißt du, wie die Gänse laufen?
(Im Gänsemarsch!)
Und was sich die Schweine raufen?
(Ihre Borsten!)

Weißt du, was nicht blüht im Garten?
(Was verduftet ist!)
Weißt du, wie die Mäuschen warten?
(Mucksmäuschenstill!)
Rat, was jedes Kind versteht!
(Spaß!)
Und was immer weitergeht?
(Dieses Lied ...!)

Alle Frösche sind schon weg!

Alle Frösche sind schon weg,
alle Frösche, alle!
Grüne, braune, große, kleine,
alle lassen uns alleine!
Keiner springt mehr bei uns rum,
alle sind verschwunden!

Dass sie jetzt
wer weiß wo sind,
macht uns alle traurig.
Keiner ruft mehr nachts am Fluss,
dass man Watte haben muss!
Alle sind jetzt weggehüpft,
quaken in der Fremde!

Liebe Frösche, kommt zurück,
liebe Frösche, liebe!
Unsre Wiese ist so leer,
auch im Fluss planscht keiner mehr,
alle brauchen euch so sehr!
Kommt, seid keine Frösche!

Sollen wir heute mal ...?

Sollen wir heute mal
was ganz Tolles machen?
Was wir noch nie, nie, nie gemacht haben?
Was überhaupt noch nicht einmal
ein böser Räuber gemacht hat
oder ein Königssohn?
Ja? Sollen wir das heute mal machen?
Was keiner auf der ganzen Welt weiß?
Kein Mensch und auch keine klitzekleine Maus?
Ja? Sollen wir das jetzt mal machen?

Ja!
Aber was könnte das sein?

Das weiß man doch vorher nicht!!!

Das Kosakenlied

von Anna und Ben

Wir sind die Kosaken
und haben einen Zacken!

Wir sind die Hottentotten
und kriegen gleich die Motten!

Wir sind die Elefanten
und treten unsre Tanten!

Wir sind die Polynesen
und fressen einen Besen!

Wir sind von den Lofoten
und können keinen Knoten!

Wir sind die wilden Leos
und brauchen keine Deos!

Wir sind die Schweinepriester
und lieben alle Biester!

Wir sind die Äppelklauer
und schlauer als der Bauer!

Wir sind die Schwerenöter
und wackeln mit dem Pöter!

Wir sind die Klebegeister
und haben Lust auf Kleister!

Wir sind die Nachtgespenster
und fliegen durch die Fenster!

Wir sind die ollen Trapper
und werden immer schlapper!

Wir sind das Lied jetzt leid
und wollen, dass es schneit …!

Ich bin so gern am Meer

Ich bin so gern am Meer.
Ich geh so gern daher.

Ich sammel da so gerne was.
Das tu ich in mein Einmachglas.

Das nehm ich mit nach Haus
und pack das wieder aus.

Alle Fische

Alle Fische schwimmen jetzt nach – Amerika!
Was machen sie da?
Sie gucken sich an und wünschen sich Glück
und schwimmen ganz schnell wieder zurück!

Alle Fische schwimmen jetzt nach – Afrika!
Was machen sie da?
Sie schnappen nach Luft und machen sich nass
und schwimmen nach Hause und hatten Spaß!

Alle Fische schwimmen jetzt nach – Sansibar!
Was machen sie da?
Sie gehen an Land und rubbeln sich warm
und nehmen sich liebevoll in ihren Arm!

Die Kiste am Strand

Ben hat Fragen
und Papa muss sagen

Wo kommt die her, die Kiste?
Wenn ich das mal wüsste!

Was steht denn auf der drauf?
Sauf, mein Junge, sauf!

Und was war da drin?
Flaschen, denk ich mir,
und in den Flaschen Bier!

Und warum sind die weg?
Sie flogen wohl von Deck!

Können Flaschen fliegen?
Ja, zwischen Stehen und Liegen ...

Was?!?

Pass auf, vielleicht war's so:
Ein Seeräuber, der hatte Durst.
Da sah er diese Kiste hier
und trank das ganze gute Bier.
Dann fiel er um und schlief
und das Schiff fuhr schief.
Und die Kiste mit dem Bier
fiel ins Meer und ist jetzt hier!

Und der Räuber, fiel der auch ...?

Der hatte doch das Bier im Bauch!
Der war dazu zu schwer!
Der fiel nicht mit ins Meer!

Und sucht der jetzt die Kiste?
Wenn ich das mal wüsste ...!

Versteckspiel-Gemurmel

Wo ist denn bloß der Ben?
Wo ist denn bloß der Ben?

Auf 'm Sofa isser nicht,
hinterm Ofa isser nicht,
auf 'm Flür gehter nicht,
vor der Tür stehter nicht!

Auf der Lampe sitzter nicht,
mit Schlampampe spritzter nicht,
hinterm Tüll steckter nicht
und im Müll dreckter nicht!

Einfach weg, der Krümel,
so ein frecher Lümel!

Wo ist denn bloß die Anna?
Wo ist denn bloß die Anna?

Bei den Puppen isse nicht
und im Schuppen isse nicht.
In der Küche stecktse nicht
und den Tisch decktse nicht!

Auf 'm Bett springtse nicht
und kein Lied singtse nicht,
keine Märchenplatte hörtse,
keinen von den Großen störtse!

Weg isse, weg!
Ach, du lieber Schreck!

Papi, Papi, bist du dumm!
Dreh dich doch nur einmal um!

Wanderlieder

von Anna und Ben

Anna Balou,
kleiner Luftbonbon,
komm, wir gehn zu Onkel King-Kong
und spielen mit Susi Wong
eine Partie
Kinder-Ping-Pong!

Benny Balou,
oller Struwwelkopp,
komm, wir suchen Tobi Knopp
und verkaufen diesem Tropp
unsern alten Suppentopp!

Fachgespräch

Ben: Wie heißen noch mal die Tiere,
wo's bald keine mehr von gibt,
Anna?

Anna: Welche?

Ben: Denen sie immer
die Eier wegnehmen!

Anna: Wie?

Ben: Wo man mit 'm Laster
drüberfahren kann!!

Anna: Was?!?

Ben: Wo die immer
die Suppe von machen!!!

Anna: Ach so! –
Du meinst Schildkröten! –
Was ist mit denen?

Ben: Die will ich später mal beschützen.

Der Swimmingpool

Ben: Wenn ich einen Swimmingpool geschenkt kriegte, würde ich erst mal nackt reinspringen!

Anna: Wenn ich einen Swimmingpool geschenkt kriegte, würde ich den an arme Leute abgeben.
Oder mit jemandem teilen.
Am besten mit vielen Kindern.
Wenn ich alleine einen Swimmingpool hätte,
wäre ich ja ein Angeber.

Ben: Wie soll man denn jetzt wissen,
was man später tut?
Vorher sagt man immer: Abgeben, abgeben!
Aber wenn man's dann erst mal hat,
dann gibt man's doch nicht ab!

Anna: Auch nicht, wenn man ganz reich wäre?

Ben: Doch. Wenn ich ganz reich wäre,
sagen wir mal wie 'n Millionär,
dann würd ich was abgeben.

Anna: Was denn?

Ben: Hundert Mark.

Anna: Wem würdest du die denn abgeben?

Ben: Den ganzen Armen.

Anna: Den ganzen?
Dann würden sich ja alle streiten, wer arm ist!

Ben: Die Menschen streiten sich sowieso!
Zuerst schubst einer einen.
Dann ist der wütend.
Und dann ärgern sie sich immer weiter!

Anna: Und warum schubst der eine den andern?!?

Ben: Aus Spaß! – Oder aus Versehen! – Oder extra!

Eine bessere Welt

Anna: Wenn ich eine Königin wär,
wär mein ganzes Land voll Natur!
Und wenn einer eine Milchtüte
irgendwo hinwerfen würde,
kriegte der unheimlichen Ärger!

Ben: Ich schmeiß nie was in den Wald, nur Holz!

Anna: Jeder hätte nur ein kleines Haus tief im Wald
oder am Strand.
Die Menschen wären gerecht und fröhlich
und würden den ganzen Tag mit ihren Tieren
spielen. Es dürften auch nur ganz wenige Tiere
geschlachtet werden.

Ben: Schweine?

Anna: Ja, aber nicht so viele. Höchstens ein Viertel.
Und vielleicht mal ein Ochse.

Ben: Ich ess überhaupt keine Tiere mehr.
Nur noch Pommes mit Hühnchen.

Anna: Die Leute hätten kaputte Sachen an
und wären nicht so weiß gewaschen.
Es gäb keine Autos, nur Pferdekutschen
und überhaupt keine Maschinen,
außer im Haushalt.

Ben: Und wenn einer viel Geld hat ...?

Anna: Geld dürfte es gar nicht geben.
Das blöde Geld ist doch schuld,
dass es vielen Menschen so schlecht geht!

Ben: Aber wenn man kein Geld hat,
verhungert man!

Anna: Die Menschen könnten doch alles tauschen!

Ben: Und wenn einer nix hat?

Anna: Etwas hat jeder.

„Ich habe
mich heute
von der Seite
gesehen."

„Und?"

„Ich habe
es
nicht geglaubt."

„Freiheit
ist das
Schwerste."

„Wieso?"

„Sag mal
ein Wort."

„Was für
ein Wort?"

„Siehst
dū!"

„Der Rest ist für dich!“,
sagte der Rettich zum Mehrrettich.

Es war einmal ein Tagedieb, der hatte seine Beute lieb

Vom fabelhaften Zusammenleben des Obers mit der Oberin

So schillernd bunt im Licht der Sonne,
als hätte ein Südwind den Blütenstaub
aller Blumen dieser Welt
ins Innere einer Kristallkugel geblasen,

so rührend majestätisch auf unsichtbaren Treppen
durch die Luft herauf- und hinabschwebend
wie eine dicke Kaiserin,
die so tut, als wüsste sie nicht,
dass jeder ihre vollkommene Figur bewundert,

so gleichnishaft bedeutungsvoll
im Spiegel unserer sehnsüchtigen Gedanken ...

Die Seifenblase!

Der Tiger und die Tonne

Einmal spülte das Meer
eine Tonne an den Strand,
die man bald darauf fand.

Sie mitzunehmen jedoch
hatte für niemanden Sinn,
denn in der Tonne
war nichts drin.

Eines Abends
kam ein Tiger ans Meer,
der war müde und hatte es noch weit.

Er sah die Tonne,
legte sich hinein
und fand darin Zeit.

Die Riesenkraken

Zwei Riesenkraken wollten mal
den Meeresboden harken,
fanden aber keine Harke. –

Also fragten sie eine dritte Krake:
„Woher kriegen wir eine Harke?“

Als die dritte Krake das hörte,
lachte sie sich krank. –

Da legten die zwei die Arme
auf eine Bank. –

Als sie damit fertig waren,
bemerkte die eine
von den beiden Riesenkraken:

„Dann wird das wohl heute
nichts mehr mit dem Harken ...“

Die Küchenschabe und die Einbauküchenschabe

Eine Küchenschabe vom Land
besuchte mal eine Einbauküchenschabe
in der Stadt.

„Ist das nicht toll,
was man bei uns alles hat?“,
fragte die Einbauküchenschabe
die Küchenschabe munter.

Da fiel auf beide ein Einbau runter.

„Ja, wirklich“,
antwortete da die Küchenschabe,
„ich bin platt!“

Der Spatz und der Adler

Ein Spatz, der mal alleine war,
sah einen Adler kreisen.

„Sag, Adler“, fragte da der Spatz,
„willst du nicht mit mir speisen,
du bist doch auch alleine?“

Darauf der Adler aus der Ferne:

„Gesellschaft ist für Spatzen da.
Wir Adler
brauchen keine!“

Die Ameisen

Trafen sich mal acht Ameisen
auf einer ihrer Geschäftsreisen.

Fragten die einen vier
die anderen vier:

„Na, ihr? – Wie steht's?"

Antworteten die anderen vier
den einen vier:

„Danke, danke, ihr!
Wenn man 'n Freund hat,
der 'n Freund hat,
der 'n Freund hat,
geht's."

Die Streichhölzer

Es war einmal ein streiches Holz,
das war über die Maßen stolz
auf seinen roten Kopf.

Da kam ein Reibflächlein daher
und schon
hatte das streiche Holz
kein rotes Köpfchen mehr.

Von Stund an sah es schwarz
für sich und seine roten Brüder.

Und es hatte Recht.
Eines Tages
kam das Reibflächlein wieder …

Nicht ohne meinen Docht!

Bei ihrer allabendlichen Gala
auf dem Küchentisch
gab die Kerze wieder mal
ein leuchtendes Beispiel
ihrer magischen Rätselhaftigkeit:

„Was mich wirklich ausmacht“,
antwortete sie
auf eine scheinheilige Frage
zu Sinn und Dauer ihrer Existenz,
„ist viel Luft.“

Das Gänseblümchen

Auf der Wiese
sprach man von den Reisen
der Zuchtrosen
und ihren Preisen.

Da fragte das Gänseblümchen:
„Und wie kommt unsereiner
zu seinem Rühmchen?“

Die Buntstifte

in Hansens Haus
malten sich den Tag
gerade in den schönsten
Farben aus,
als plötzlich ein Radiergummi
am Himmel stand!
– Hoffentlich war das ein
Schönwetter-Ratzefummel!

Es würde doch
kein Gerubbel geben?

Die Stinkmorchel und der Steinpilz

Eine Stinkmorchel war mal blank.
Also ging sie zu einem Steinpilz
auf die Bank um sich was zu pumpen.

Der Steinpilz jedoch blieb hart:
„Keinen Pfifferling bekommt ihr von mir,
ihr Lumpen!
Ich kenne eure Art!“

So mittellos
ging die Stinkmorchel ein.

Für ihre Sporen
gab es nur Erkenntnis zu erben:
„Wer strenger riecht,
muss früher sterben.“

Die Hyäne und der Buntspecht

Eine Hyäne
bestellte sich bei einem Buntspecht
einmal eine rot-weiße Mähne.

Unglücklicherweise
war weder vom Rot
noch vom Weiß
genug Farbe da.

So reichte es für die Hyäne
nur zu einer rosa Strähne.

Betrübt schlich sie davon.

Am nächsten Tag
war sie der Star der Saison.

Der Schmetterling, die Schildkröte, der Pfau und die Sau

„Dem Zarten gerät einfach alles zart“,
hauchte der Schmetterling apart. –

Die Schildkröte darauf in ihrer Art:
„Und der Harte ist einfach immer hart!“

„Der Feine dahingegen ist einfach fein“,
entfaltete dazu förmlich der Pfau. –

„Und dem Reinen, ihr Lieben, ist alles rein!“,
grunzte aus dem Dreck wohlig die Sau.

Alabama!

Ein Blinder und ein Lama
wollten nach Alabama.

Der Blinde konnt kein Weg nicht sehn,
das Lama konnt kein Schritt nicht gehn.

Da stützte sich der Blinde auf …
da nahm das Lama seinen Lauf! –

So lernen wir verstehen:
Man darf nicht falsch dran drehen!

Es waren mal zwei Algen, die waren sich grün

Es war einmal ein Trauerkloß,
der war nicht traurig,
der trauerte bloß.

Es war einmal ein astreiner Baum,
der stolperte natürlich über ein Zweiglein.

Es war einmal ein Buch,
das überdachte seinen Besuch.

Es war einmal ein oller Pott,
der träumte nachts vom lieben Gott.

Es war einmal ein Mondgesicht,
das hatte Langeweile
und merkte es nicht.

Es waren mal zwei Fettaugen,
die konnten nicht hingucken.

Es war einmal ein Frosch,
der stand auf Libellen
und saß auf Diät ...

Der Ober und die Oberin

Es war einmal ein Ober,
der ging immer den unteren Weg.

Außer bei der Oberin.

„Jetzt mach
mal 'n Punkt,
Artuhr!"

„Was denn?
Noch einen?!?"

„Friede, Artuhr?"

„Lieber Eierkuchen!"

„Mach 'ne Fliege,
Artuhr!“

„Ach!
Und mit wem?“

Jetzt noch nicht klatschen!

Die fast alltäglichen
Abenteuer
des Überlebenskünstlers
Artuhr

Artuhr

Das Lied der Fliege

War einmal ein Fliegentier,
flog herum, war da und hier,
hatte keine feste Bleibe,
tat niemandem was zuleide,
war dabei, kennen zu lernen,
wie's sich lebt unter den Sternen.

Diese Fliege hieß Artuhr,
wollte alle lieben nur:
Alle aber blieben stur,
liebten nicht Fliege Artuhr.

Um sein Flugwerk zu benutzen,
musst Artuhr es manchmal putzen.
Landete zu diesem Zwecke
einmal auf der Zimmerdecke. –
Glück, dass er rechtzeitig spürte,
was ein Mensch im Schilde führte!

Artuhr flog in Hungersnot
einst entkräftet auf ein Brot. –
Doch den Eigner jener Schnitte
ärgerte die stille Bitte
und Artuhr entkam so eben
mit dem nackten Fliegenleben!

Diese Fliege hieß Artuhr ...

Artuhr liebte die Gerüche
und die Wärme einer Küche.
Zog dort einmal seine Kreise,
summte dazu eine Weise,
war so glücklich, dass er lebte, –
merkte plötzlich, dass er klebte!

Tage später ging ein Wesen
durch die Küche mit dem Besen,
sah den vollen Fliegenfänger,
nahm ihn ab von seinem Hänger,
warf ihn schließlich auf den Müll …
und nicht einer wurde still.

Diese Fliege hieß Artuhr,
wollte alle lieben nur.
Alle aber blieben stur,
liebten nicht Fliege Artuhr.

PS:
Nächsten Freitag scheint die Sonne
fröhlich in die Regentonne.
Artuhrs Bande spielt dort Kriegen.
Artuhr sieht man Loopings fliegen …

Artuhr?!? Lebt?!? So viel ist klar!
Fragt sich, wer der andre war …

„Narzisse!“
„Ja?“
„Schön bisse!“
„Danke!“

Artuhr
und das
Läuten der Glocken

Artuhr findet Frühling gut.
Frühling öffnet und macht Mut.
Etwas streift die stille Seele
und die sagt auf einmal: „Wähle!“

Artuhr spürt die neue Kraft,
die ihn übermütig strafft.
Er studiert das Angebot
und erlebt die Lust als Not.

Wann mit wem nun was beginnen?
Artuhr will sich erst besinnen
und kommt endlich zu dem Schluss:
Warten soll man, bis man muss!

„Was ist das, Artuhr?
Hat vier Beine und hockt dumm
in der Stube rum?“
„Zwei Menschen,
die eine Fliege ärgern wollen?“

Artuhr und der Small Talk

Artuhr hängt ab in der Ecke
einer Stube wie Kreuz Bube.
Ungekämmt und unrasiert
mit dem Wunsch, dass nichts passiert.

Fliegen brauchen solche Pausen
zwischen Flugverkehr und Schmausen.
Doch es kommt, wie wir erwarten:
Penner haben schlechte Karten!

„Auf mit dir, du Tagedieb!“
Menschen sind nicht gerne lieb.
Artuhr kennt den Grund an sich:
Fremdes Glück macht ärgerlich.

„Artuhr!" „Artuhr!"
„Ich bin beliebt, jeder hat mich gern ...!"

Artuhr und die Selbst-Bestimmung

Fliege Artuhr bei der Siesta
dachte mal an seine Schwester.
Dann an Bruder, Vater, Mutter:
„War das alles gute Butter?

Hatten wir uns wirklich lieb?",
fragte sich der Tagedieb.
„Nein", erkannte er sofort,
„was wir liebten, war der Ort,

wo wir uns halt immer fanden.
Liebe hat zu tun mit Banden.
Wir, die Artuhr-Bande, war
halt auf einem Kopf das Haar."

Draußen nun im wahren Leben
muss man nehmen, muss man geben.
Nehmen um sich zu ernähren,
geben um sich zu bewähren.

Gibt man viel, wird man geliebt.
(Niemand liebt den, der nichts gibt.)
Geben bindet. Schon ein Blick
gibt – und du kriegst was zurück ...

Ja, so ist das mit der Liebe:
Man muss dienen! – Sonst gibt's Hiebe!
Dieben bleibt da nur die Siesta
und das Träumen von der Schwester.

„Mach dich auf die Socken, Artuhr!“
„Hab ich doch schon!“

Artuhr und das 1. Gebot

Artuhr möchte glücklich werden.
Jetzt sofort und hier auf Erden.
Guckt deshalb zum Fenster raus:
„Zeig dich, Glück, wie siehst du aus? –
Gibt es dich nur durch die Scheibe? –
Findst du mich, wenn ich hier bleibe?“

Artuhr guckt direkt ins Licht:
„Pur, Artuhr, gibt es mich nicht!
Ich entstehe nur – beim Teilen
und verschwinde – beim Verweilen!“

Artuhr hat sich das gedacht.
„Hätt ich nur nicht nachgefragt!“

„Das wird ja immer schöner mit dir, Artuhr!"
„Ja? Soll ich weitermachen?!"

Artuhr und die Unerhörtheit

Artuhr hilft gern im Büro. –
Ist der Chef mal irgendwo,
überfliegt Artuhr die Post
meist von Südwest nach Nordost.

Gerade geht das Telefon:
„Mr. X für Y!"
Der liest lieber seine Zeitung.
Artuhr übernimmt die Leitung:

„Mr. X? – Es tut uns Leid,
Y hat keine Zeit!
Wir stornieren Fliegendraht
und bestellen Obstsalat ...!"

„Du kannst uns mal, Artuhr!“
„O.K.! – Dann lasst mich auch!“

Artuhr und die Osterglocken

Artuhr flog mal in die Wiese.
„Wär doch alles so wie diese!“,
jubelte er schwärmerisch.
„Kein Geklatsche wie bei Tisch!
Hier lässt man sich einfach nieder
und saugt friedlich seinen Flieder!“

Artuhr taucht ins Blütenmeer,
rüsselt hin und rüsselt her.
„So viel Süßes – und so echt!“
Nach der Rose wird ihm schlecht ...

Honigsüß summt's von den Blüten:
„Liebe lässt sich nicht verhüten!“

„Hast du genug von uns, Artuhr?“
„Nein. Gebt ruhig noch mehr!“

Artuhr und das Menschwerden

Seit es Menschen gibt auf Erden,
wollen Menschen Menschen werden.
Man erfand das gleiche Recht.
Das schien schon mal nicht so schlecht.

Dann erfand man gleiche Pflicht.
Die Erfindung glückte nicht.
Mensch zu werden blieb Versuch.
Keiner wurde dabei klug.

Zwischen solchen Suchprozessen
sucht der Mensch sich was zu essen.
3 x täglich sagt sein Magen:
„Mensch, verschone mich mit Fragen!“

„Endlich!“, denkt Artuhr bei sich.
„Endlich, Mensch, versteh ich dich!
Habt ihr Kohldampf wie die Fliegen,
die halt nehmen, was sie kriegen,

ist euch gleiches Recht egal.
(Wer lebt schon mit Lineal?)
Bravo, Menschlein, iss mal feste!
Artuhr reichen deine Reste!“

„Können Fliegen eigentlich lachen, Artuhr?"
„Nein. Warum sollten sie?!"

Artuhr
und der Staub des Lebens

Artuhr weiß, die Menschen nutzen
ihre freie Zeit zum Putzen.
Staub – so heißt ihr größter Feind.
So groß, dass er Menschen eint.

„Tod dem Schmutz! Die Welt sei rein!"
So hört er die Menschen schrein.
Artuhr kommt das seltsam vor:
Deutlich hat er noch im Ohr,

dass der Mensch aus Erde sei!
Seine Seele, die sei frei,
aber alles, was er war,
würd zu Staub mit Haut und Haar,

muss er nach verputztem Leben
seinen Löffel weitergeben.
Artuhr äugt zum Staube hin:
„Wer es glaubt, ist auch da drin?

Wischen Menschen mit dem Dreck
dann nicht ihresgleichen weg?
Typisch wär das für die Innung:
erst die Tat, dann die Besinnung!“

Artuhr lächelt maliziös:
(Fliegen sind nicht religiös):
„Sieht er Dreck“, so denkt er diesig,
„fühlt der Mensch sich wohl nicht hiesig.“

„Putz die Platte, Artuhr!“
„Ach! Und wer putzt mich?“

Artuhr und die zu kleine Größe

Mensch zu sein heißt im Gewühle
kämpfen um ein paar Gefühle.
Liebe macht am meisten Arbeit.
Freunde sind gut für die Freizeit.

Ganz egal, wie tief das geht,
diese Menschenregel steht:
Will man gut zusammenticken,
muss man nicken, nicken, nicken!

Wenn das Gegenteil passiert,
ist der Mensch total frustriert:
Je nach Tiefe seiner Wunde
hetzt jetzt sein Gefühl die Hunde!

„Kann ich in dein Herz nicht rein,
ist es dafür wohl zu klein!“
Klein wie Artuhr, diese Fliege! –
Warte nur, wenn ich die kriege!!!

Artuhr kostet's Überwindung.
Doch dann sieht er die Verbindung:
Menschen können's nur schwarz-weiß.
Er ist klein. Gut, dass er's weiß!

„Ich versteh dich nicht, Artuhr!“
„Ich hab ja auch nichts gesagt!“

Artuhr und einer dieser Tage!

Artuhr fühlt sich heute schlecht.
Nichts, rein gar nichts ist ihm recht.
„Wie ich ausseh! Wie ich heiße!“ –
Artuhr findet alles Scheiße!

Aschfahl schimmert seine Brust,
innen: Leere! – Nicht mal Frust!
Matt sucht Artuhr seine Seele –
Nichts! Ein Stimmchen nur: „Ich fehle!“

Artuhr lässt den Rüssel hängen,
als das Stimmchen piepst: „Nicht drängen!
Wo ein Loch ist, sind auch Wände ...
Morgen ist der Tag zu Ende!“

„Und sie?
Was hat sie
dazu gesagt?"

„Sie? – Nichts!"

„Und er?
Was hat er
dazu gesagt?"

"Er? – Nichts!"

„Und du?
Was sagst dū
dazu?"

„Ich? Ich bin
sprachlos!!!"

„Soll ich
dir mal sagen,
wie
unkompliziert
ich bin?"

„Nein.

Bitte nicht!"

„Man muss doch nicht immer
den Konsens suchen!",
hörte man leise
den Nonsens fluchen ...

Es war einmal
ein Puzzlestein,
der passte
in kein
Puzzle rein

Vom fabelhaften
Zusammenleben
des Rhabarbers
mit dem Gemüse

Der Rhabarber und das Gemüse

„Jetzt hört doch mal auf mit eurem Gelaber!“,
entrüstete sich einmal laut der Rhabarber
in einem Gemüsegarten.
„Ja, bitte?“, erwiderten indigniert die Tomaten.

Darauf der Rhabarber:
„Rhabarber, Rhabarber, Rhabarber,
Rhabarber, Rhabarber, Rhabarber!“

Das war für das Gemüse im ganzen Land
natürlich sehr interessant.

Der Spargel und die Schwarzwurzel

„Ich bin weiß und du nicht!“,
sprach der Spargel zur Schwarzwurzel.
Da traf ihn der Spargelstich.

„Black is beautiful!“,
antwortete die Schwarzwurzel darauf dem Spargel.
Schon ging es auch ihr an den Kragel.

Eine Stunde später
schwammen sie in derselben Suppe.

Da war es ihnen schnuppe.

Das arme Schwein
und die blöden Hunde

Einmal fiel ein armes Schwein
auf einen saudummen Trick herein.

Ein blöder Hund bellte ganz laut: „Schmetterling!“,
und es, das arme Schwein, drehte sich natürlich um.

Da hat die ganze Meute sich halbtot gelacht.
Das hat dem armen Schwein viel ausgemacht …

Der Zitronenfalter
und die Apfelsine

Eines Tages wurde einem Zitronenfalter
das Falten der sauren Zitronen zu viel.

Er flog zu einer süßen Apfelsine
und versuchte sie zu falten.

Zu seinem Pech
erwischte er eine von den alten.

Da saß er nun auf seiner süßen Apfelsine
und machte eine saure Miene.

Der kleine Orka

„Weißt du denn schon,
was du einmal werden willst?“,
fragte die Mutter
eines Nachmittags
ihr Orkakind.

„Ja“, antwortete der kleine Orka,
„Mörder!“

„Das ist gut“, sagte darauf
die Mutter,
„aber schwer ...!“

Die Scholle

Eine Scholle
kämmte sich mal ihre Rückenflosse
in die Stirn
und trug sie als Tolle.

„Oh!", blubbten da einige Schollen
und andere blubbten: „Ach!"

Aber bald blubbte niemand mehr,
denn auch mit Tolle
blieb sie schließlich eine Scholle,
also flach.

Der Schöngeist

Es war einmal ein Schöngeist,
der guckte aus dem Fenster,
freute sich des Lebens
und sprach:
„Man sollte hingehen
und eilen
um diese Freude
mit anderen Geistern zu teilen.“

Und sprach's und ging hin,
für seinen Blick aus dem Fenster
zu werben.

Er hatte Erfolg.

Andere Geister kamen,
schlugen ihm die Scheibe ein
und freuten sich an den Scherben.

Der Wasserfall

Es war einmal ein Flieg,
der zappelte am Fliegenfänger.

Weil der klebte.

Das sah ein Wasserfall
und stürzte sich vom Felsen.

Solange er lebte.

Glaube nicht, was du denkst!

Man sieht nur,
was man weiß.

Leider weiß man
nie genug.

Darum fühlt man,
was man nicht weiß.

Damit man weiß,
was man nicht
gesehen hat.

Die Wahrheit

Von der Wahrheit
haben wir nur
einen Schimmer.

Und wahr ist:

Nah
ist
sie
uns
immer!

Das Messer

Es war einmal ein Messer,
das wollte die Liebe der Menschen
erringen.

„Was soll ich machen?“,
fragte es nacheinander einen Apfel, einen
Fußball und einen Hintern.

„Du musst rund werden!“,
antworteten die drei.
„Die Menschen lieben das Runde!“

Also ging das Messer zu einem Schmied
und wurde ein Armreif.

Während es von nun an überall beliebt war,
merkte es, dass ihm plötzlich etwas fehlte:

Es war auf nichts mehr scharf.

Der Kampf

Im gestrigen Spitzenkampf
rangen ein Trinker
und eine Flasche
um ihren Inhalt.

Die Entscheidung
fiel in der dritten Sekunde
durch Zuneigung.

Der Efeu

„Oho!“, dachte sich der Efeu,
„das ist mal ein schöner, kräftiger Baum,
da kletter ich rauf!“ –

Oben angelangt, schaute er sich um.

„Komisch“, murmelte er nach einer Weile,
„ich hätte schwören können,
dass hier ein Baum stand!“

Berg und Tal

„Hochmut ist eine Eigenschaft,
die ich einfach nicht hab“,
sprach von oben der Berg ins Tal.

„Einfach nicht hab,
einfach nicht hab!“,
wiederholte darauf
zweimal der Hall.

Es war einmal ein Dichter, der reimte sich was zusammen

Es war einmal ein Wegerich,
der traf auf allen Wegen sich.

Es war einmal ein Chamäleon,
da wusste niemand was Genaues von.

Es war einmal eine Schnecke,
die kam langsam weiter.

Es war einmal ein Schädling,
um den war es nicht schade.

Es war einmal ein bunter Vogel,
der sollte Farbe bekennen.

Es waren mal zwei Ratten,
die wussten, was sie an sich hatten.

Es waren einmal ein andauernder Kater
und eine ausdauernde Katze,
die fanden sich um sich zu suchen.

Es war einmal ein Huhn,
das wäre lieber die Eierfrau gewesen.

Die Fabel aus Hansens Haus von der Würde

Der würde gerne mal,
wenn sie ihn ließe.

Was ist
an einem
Stein?

Man weiß
es nicht.

Man weiß
es nicht,
was es ist
an einem
Stein.

Mein Name
ist Zont.

Hori Zont.

Von der
Firma Ment.

Ich handle
mit Sehnsucht
und Fernweh ...

Das Verborgene
verbirgt sich im Verborgenen.

Ich bin das Fenster zur Straße

Die schicksalhaften Bestimmungen unserer stummen Diener

Das Fenster zur Straße

Was auch geschieht,
ich lasse es passieren.

Ich sehe das Leben
in gerahmten Bildern.

Indem ich Wärme von Kälte trenne
und aus Entfernung Nähe gewinne,
rette ich meinen Traum.

Ich bin das Fenster zur Straße.

Die angelehnte Tür

Ich mache aus allem ein Geheimnis.
So verführe ich.

Hinter mir wartet
die andere Welt.

Wie ein Blatt – fest am Baum
und frei im Wind –
schwinge ich hin und her.

Werkzeug und Sinnbild
der lebendigen Seele.

Ich bin die angelehnte Tür.

Die Scheune auf dem Feld

Ich bin der Freund,
der nichts erwartet.

Aus Natur gemacht,
beschütze ich Natur vor Natur.

Wo kein Mensch wohnt,
ist mir der Freund willkommen,
der weiter will.

Ich bin die Scheune auf dem Feld.

Die Arche
auf dem Berg

Wenn die Welt schläft,
finde ich meine Ruhe.

Ich lausche dem Atem
von Mensch und Tier
und bewahre ihre Wärme.

Meinem Schicksal zuliebe
sorge ich für das Anvertraute
und genieße das Glück der Zufriedenheit.

Ich bin die Arche auf dem Berg.

Die Silhouette im Nebel

Stolz auf meine Eigenart,
lade ich nicht ein.

Wenn ich meine Augen schließe,
werde ich mir selbst zum größten Rätsel.

Indem ich das Ungesagte verstehe
und das Unsichtbare erkenne,
bleibe ich unabhängig
vom Geist der Zeit.

Ich bin die Silhouette im Nebel.

Der Turm auf dem Felsen

Ich überrage, was sich windet.

Ich locke, warne,
fordere heraus und trotze.

Zwischen mir und dem Höchsten
gibt es nur das Wetter
und den Flug des Adlers.

Ich bin das Rufzeichen der Berge.

Wer mich besteigt,
befreit sich von menschlichen Horizonten.

Ich bin der Turm auf dem Felsen.

Der Stuhl am Tisch

Ich stehe auf vier Beinen
um von zweien besessen zu werden.

Indem ich Widerstand leiste,
entspanne ich Körper und Seele.

Stumm diene ich mit meinesgleichen
Genuss und Gespräch.

So wird mein Platz zur Stätte.

Ich heiße immer willkommen.

Ich bin der Stuhl am Tisch.

Das Bett im Raum

Ich belohne alles Fallen.

Müdigkeit verwandel ich in Schlaf,
Gedanken in Träume und
Lust in Liebe.

Meine wärmende Weichheit
ist Sehnsucht und Erfüllung.

Ich bin das heimliche Leben,
sein A und O
und größtes Glück.

Ich bin das Bett im Raum.

Der Schornstein auf dem Dach

Unbeweglich recke ich mich
dem Rohrspatz entgegen.

Das Nichts in meinem Inneren
weist den Weg,

Licht und Wind erzählen mit meinem farbigen Atem
von hungrigen Mägen.

Unter mir der wärmende Schoß des Feuers,
über mir die Signale des Lebens.

Ich bin der Schornstein auf dem Dach.

Das Himmelszelt

Alles, was lebt, schaut zu mir auf.

Leuchtend öffne ich der Welt die Augen,
funkelnd bewache ich ihren Schlaf.

Ich bin durchsichtig, aber undurchdringbar.

Weil ich kein Ende nehme,
schenke ich Hoffnung.

In mich hinein führt die nie endende Reise
der Fantasie.

Ich bin das Himmelszelt.

„Ich denke
jeden Tag
1/3 bis 1/4-mal
an dich.

Und du?

Sag jetzt nicht
1/5!"

Zettel, Zettel,
du bleibst liegen.

Auf dir steht,
was einmal schlief.

Zettel, Zettel,
du kannst fliegen.

Was nicht
mitfliegt,
das sitzt

tief.

Wer im Punkt die Linie sieht,
kann sich die Zukunft denken.

Erl(i)eben ist alles!

Von der Gleichzeitigkeit
unserer Gedanken
in alle Richtungen

Was ist das?

Was ist das,
dass wir uns nach uns umdrehen?

Was ist das,
dass wir dann auf uns zugehen?

Was ist das,
dass wir uns dabei ansehen?

Was ist das,
dass wir jetzt beide hier stehen?

Ich weiß es nicht. Ein Rätsel?

Ja. Vielleicht.

Liebe

Liebe ist ein Wort,
groß und ungenau.
Liebe ist ein Haus,
immer gerad im Bau.

Liebe ist ein Strand,
alles kann sich finden.
Liebe ist Vertrag,
Sträuße kann man binden.

Liebe ist ein Bild,
das im Rahmen bleibt.
Liebe ist die Lust,
die uns weitertreibt.

Liebe ist Versuch.
Hat sie sieben Leben?

Liebe wär genug.

Wer
kann
Liebe
geben?

Es regnet wieder

Lied von einer, die auf Sonne wartet

Denkst du an mich?

Ich bin der Vogel,
der aus dem Fenster guckt,
und ich spüle das Geschirr.

Denkst du an mich?

Ich bin das hügelige Land
mit dem tiefen Brunnen
und ich gieße die Blumen.

Denkst du an mich?

Ich bin die Bank
in der Abendsonne
und ich rauche eine Zigarette.

Denkst du an mich,
wenn es aufhört?

So will ich dich

So wie du atmest,
so wie du gehst,
so wie du die Dinge verstehst,
so sollst du atmen,
so sollst du gehen.

So will ich dich
immer besser verstehen!

Musik!

Wenn's mir gut geht
und der richtige Wind weht,
machen Lieder alles
mit meinem Dalles.

Bei den tiefen Tönen
tröten Kröten
durch steinerne Flöten.

Bei den hohen, leisen
sehe ich Schneeflocken
hochzeitsreisen.

Geigen zeigen mir
Schwestern aus Wien,
die sich vor einem Fremden verneigen
und unverstanden weiterziehn.

Saxophone
gehören lachenden Negern mit Melone.
Trompeten
schmeißen nach mir
mit glitzernden Moneten.

Eine fette Frauenstimme
will, dass ich bei ihr im Eintopf schwimme.
Klaviere
spendieren gefährliche Biere.

Gitarrensaiten
sind Hüte zu Pferde,
die mich auf meinem letzten Ritt begleiten.

Und wenn mich der Rhythmus
der Bongos packt,
bin ich auf einer Südseeinsel
mit einem grünen Palmenpinsel …

Die ganze Welt bewegt sich im Takt
und die Tochter des Häuptlings
tanzt
dazu
(Ergänze!) ......

Wenn's mir gut geht
und der richtige Wind weht,
machen Lieder alles
mit meinem Dalles.

Tu, was du kannst!

Zen für Anfänger

Meister, ich habe dir nichts mitgebracht!

Nimm's weg!

Meister, was ist das,
wenn ich lachen muss?

Der Schreck!

Meister, wie wird man glücklich
auf der Welt?

Allein!

Meister, ich fühle mich
so leicht und frei...

Tu's rein!

Kannst du dir folgen?

Was du willst,
das musst du sein!
Sonst bleibst du
für immer klein.

Was du bist,
das musst du werden!
Sonst gibt es kein
Glück auf Erden.

Was du findest,
musst du fragen:
„Hast du mir
etwas zu sagen?"

Wo das hinführt,
weiß die Katze:

Wer sich welche macht,
der hatse!

Das Leben – ein Spiel?

Der Birkenhof von Kasparow
liegt weit, weit weg von hier.
Sehr weit.
Da schlägt man fremde Bauern
und opfert Pferde
nach Zeit!

Der Birkenhof von Kasparow,
den findet man nur schwer.
Sehr schwer.
Da dürfen alle etwas.
Nur Damen
etwas mehr!

Der Kasparow vom Birkenhof
macht Jagd auf Könige.
Bis er sie hat.
Da kennt er keine Gnade.
Nur schwarz und weiß
und matt.

Der Kasparow vom Birkenhof
tut das, was ihm gefällt.
Nur das.
Er lebt mit einem Brett vorm Kopf
und sieht die ganze
Welt.

Am Birkenhof von Kasparow,
da hängt ein Schild am Tor.
Ganz klein:

„Was immer du für dich begehrst,
es muss geregelt sein.“

Garri Kimowitsch Kasparow, Schachgroßmeister

Ja?

Ein Ja! kann man flüstern
Ein Ja! kann man hauchen
Ein Ja! kann man eigentlich
immer gebrauchen!

Ein Ja! kann man schreien
Ein Ja! kann man singen
Ein Ja! soll uns eigentlich
immer was bringen!

Ein Ja! meint es gut und
Ein Ja! meint es schlecht
Ein Ja!macht es eigentlich
immer wem recht!

Ein Ja! ist gekauft und
Ein Ja! ist gelogen
Ein Ja! hat schon manchen
von uns schwer verbogen!

Ein Ja! ist ein Wort und
danach folgt die Tat.
Wohl dem, der im Notfall
ein Nein! bei sich hat.

Was hab ich falsch gemacht?

„Früher war ich arm und frei.
Da war nichts dabei.

Dann hab ich Armer früh gefreit.
Jetzt ist's so weit:

Ich krieg die Arme nicht mehr frei
und werd nicht einmal reich dabei!

Was hab ich falsch gemacht?“

Der Herr:
„Nichts, ich habe sehr gelacht!“

Neustart

Wenn du nach Hause kommst
und bist nicht da,

wenn du Geburtstag hast
und es ist wahr,

wenn du im Keller bist
und willst nicht raus,

wenn du im Kino sitzt
und es ist aus,

geh mal alleine vor die Tür
und such!

Der andere ist nicht weit weg,
nur klug!

Letzter Aufruf für Gelb!

Was zum Teufel war geschehen?!
Keiner hat mehr Gelb gesehen!

Alles Wenden, alles Drehen
half nicht! Es musst *ohne* gehen!

„War das Leben *mit* nicht schön?
Wer kann dieses Gelb verstehen!?"

Wolken ziehen, Winde wehen.
Immer noch kein Gelb zu sehen!

Auf den Knien, auf den Zehen
sucht ein jeder: „Nix zu sehen!"

Schließlich Bitten, Betteln, Flehen:
„Gelb, wie soll's jetzt weitergehen?

Bist du da, nur nicht zu sehen!?
Hilf uns, so was zu verstehen!"

Weit, weit weg an fernem Strand
schläft die Farbe Gelb im Sand.

Finderlohn in diesem Fall
wäre wohl ... ein Sonnenstrahl!

Was willst du?

Willst du die Sonne sein,
die die Knospen weckt,
oder der Mond,
bei dem die Blüten schlafen?

Willst du das Fenster sein,
durch das die Wünsche klettern,
oder die Tür,
vor der die Grüße tanzen?

Willst du ein Storch sein,
der redet,
wie ihm der Schnabel gewachsen ist,
oder hast du einen Frosch im Hals?

Willst du ein Glückspilz sein,
der in der Pfanne verrückt wird,
oder ein Hampelmann,
den man am Faden zieht?

Willst du die Lust sein,
die auf die Pauke haut,
oder der Humor,
der flöten geht?

Wenn wir nicht baden gehen,
verhungern wir.

Wenn wir uns nicht verlaufen,
erfrieren wir.

Guck mich an!
Ich habe ein tolles Blatt
und es wird Herbst ...

Himmlischer Wein

oder: Der Sinn der Sinne

Wenn ich dich seh, erröte ich
und werd von innen beau.

Wenn ich dich trink, verblasse ich
vor Glück, mon cher Bordeaux.

Das erste Glas verspricht le ciel.
Das zweite malt ihn mieux.

Bei drei verneigt die Seele sich:
„Vous êtes un rêve, mon dieu!“

Der Mühlstein
oder: Der Sinn der Sache

Der Wind treibt die Flügel,
die Seele den Stein.
Aus Weizen wird Mehl
und zum Brot gibt es Wein.

Der Mühlstein muss mahlen,
sonst gibt es kein Geld.
(Die beiden sind Brüder:
zwei Scheiben von Welt.)

Der Müller macht Licht an.
Der Tag fließt nach Haus.
Der Lohn ist im Sack
und im Sack wohnt die Maus.

Der Mensch hat Verstand.
So erfand er das Rad.
Die Mühle zeigt ihm,
was er jetzt davon hat.

Die Nacht trollt sich leise.
Der Tag ruft zur Tat.
Der Müller hat Glück,
der sich denkt, dass er's hat.

Freunde

Freunde sind da wie das Wetter
Freunde gehn weg wie das Geld
Freunde wärn gerne die Retter
Freunde sind meistens die Welt

Freunde gibt's dunkle und helle
Freunde benutzen ihr Herz
Freunde stehn vor der Kapelle
Freunde verschönern den Schmerz

Freunde sind glücklicher Zufall
Freunde verdoppeln die Zeit
Freunde sich Spieler und Spielball
Freunde sind nie ganz gescheit.

Gelinde

Ich liebe,
ich lebe,
ich nehme,
ich gebe.

Ich esse,
ich trinke,
ich rase,
ich hinke.

Ich sehe,
ich tue,
ich sehne,
ich ruhe.

Ich suche,
ich finde.

Ich mag es
gelinde.

Eine Brücke

Was zeigt mehr als jedes Fenster?
Keine Wand.

Was gibt mehr als eine Liebe?
Kein Gedanke.

Was steht nie im Wege?
Eine Brücke.

Im weißen Nebel wunderbar

Ist es nicht schön,
vorm Haus zu stehen
und zu reden,
wenn es dunkelt?

Macht es nicht stolz,
dabei zu spürn,
am nächsten Morgen
wird gemunkelt?

Fühlt man nicht Glück,
weil man gerade
etwas tut, wo nichts
dabei ist?

Ist es nicht herrlich,
dieses Nichts,
das alles sein kann,
wenn man frei ist?

Inhalt

Erl(i)eben ist alles!

Peter-Torsten Schulz,
Maler, Dichter, Fotograf und Buchautor, wurde 1944 in Friedeck (Tschechien) geboren, wuchs in der Lüneburger Heide und Essen auf und wohnt heute am Stadtrand von Mülheim an der Ruhr und im Holländischen Friesland.
Vor etwa 30 Jahren entdeckte „der Olle Hansen", inzwischen Vater von Anna und Ben, das Hansensche Lebensgefühl *(Humor haben, Poesie sehen, Fantasie wahr machen und Natürlichkeit als eine hohe Kunst pflegen).*
Heute arbeitet das „Universalbemüh" in seinem Atelier für Angewandte Kunst mit seiner Crew an immer neuen *poetischen, erotischen oder komischen* Ideen, um *graue Alltage bunt, gute Gedanken gesprächig und heimliche Gefühle sichtbar* zu machen.
40 publizierte Titel und 70 Kalender fanden bisher 2,5 Millionen Leser.

www.petertschulz.de

Die Beiträge dieser Sammlung stammen aus seinen Büchern:
Der Olle Hansen und seine Stimmungen (1977), *Rapunzel* (1978), *Der Esel* (1979), *Gulliver* (1980), *Berühren ist alles* (1982), *Anna und Ben* (1983), *Georch und Georgine* (1984), *Anna und Ben zaubern* (1988), *Artuhr* (1986), *Liebe ist Energie* (1994), *Apropos* (2000).

In dieser Reihe
von Peter-T. Schulz
bisher erschienen:

Das rote Buch
Ich guck so gern in dein Gesicht
Liebesgedichte
ISBN 3-8157-3210-7

Das blaue Buch
Jeder Tag ist neu
Gedichte zum Leben
ISBN 3-8157-3604-8

Das grüne Buch
Herrlich, so ein Leben
Glücksgedichte
ISBN 3-8157-4090-8

ISBN 3-8157-4090-8

Texte und Illustrationen von Peter-T. Schulz

Printed in China

www.coppenrath.de

Pech?

„Müssen wir denn
immer kämpfen“,
fragte das Mäuschen die Katze,
„können wir nicht
einmal nur spielen?“

„Was redest du, kleine Maus“,
schnurrte darauf die Katze,
„wir spielen doch!“